Geschenke fürs Baby stricken

Suchen Sie noch ein individuelles Geschenk für einen neuen Erdenbürger oder wollen Sie sich als werdende Mutti die Vorfreude auf Ihr Baby verschönern? Dann finden Sie in diesem Buch sicher ein passendes Modell. Wie wäre es denn mit einer kuscheligen Mond-Spieluhr, einer flauschigen Kapuzendecke oder einem lustigen Fischmobile? Wofür Sie sich auch entscheiden, Sie können sicher sein, dass Sie etwas Einzigartiges verschenken können.

Im Buch finden Sie spannende Spielsachen, ganz nützliche Dinge für den Alltag und natürlich gestrickte Modelle zum Anziehen.

Ich wünsche Ihnen beim Stricken viel Spaß und bin sicher, dass Ihnen Ihre Handarbeit gelingt.

Gefräßige Raupe

→ mit Einzelteilen zum Abnehmen

GRÖSSE
ca. 50 cm lang

MATERIAL
- Schachenmayr Catania in Jeans (Fb 164), Maigrün (Fb 170) und Zitrone (Fb 204), je 50 g
- Schachenmayr Catania in Cyclam (Fb 114), Rest
- Schachenmayr Brazilia in Golfgrün (Fb 78), Rest
- 2 Nadelspiele 2,5-3,5
- Sticknadel ohne Spitze
- Nähnadel
- Klettband in Schwarz, 3 cm breit, ca. 25 cm lang
- schwarzes Nähgarn
- je eine Platte Moosgummi in Blau, Grün und Gelb, 2 mm stark, 30 cm x 45 cm
- Glöckchen, ø 15 mm
- Füllwatte

MASCHENPROBE
Mit Nd 2,5-3,5 bei glatt rechts 27 M und 36 Rd = 10 cm x 10 cm

Glatt rechts
In Runden jede Rd rechts str

Anleitung

Segment A: Für den Boden in Jeans 8 M auf 4 Nd verteilt anschlagen und glatt rechts str. In der 1. Rd nach jeder M 1 M zun = 16 M. Für jede Zunahme 1 U arbeiten und in folgender Rd rechts verschränkt str. In der 2. Rd die M auf 8 Nd (= 2 M je Nd) verteilen. Weiter * in folgender Rd bei jeder Nd in der Nd-Mitte 1 M zun, 1 Rd str, in folgender Rd an jedem Nd-Ende 1 M zun, 1 Rd str, ab * 2x wdh = 64 M bzw. 8 M je Nd nach 14 Rd. Weiter für den Schaft je 1 Kraus-Rippe (1 Rd rechts und 1 Rd links) in Jeans, Brazilia und Jeans, 4 Rd glatt rechts in Maigrün, 3 Kraus-Rippen wie zuvor, 2 Rd glatt rechts in Zitrone, 3 Kraus-Rippen wie zuvor, 4 Rd glatt rechts in Maigrün und 3 Kraus-Rippen wie zuvor str. Den Deckel in Jeans glatt rechts wie folgt str: 1 Rd str, dann * die mittleren 2 M jeder Nd rechts zusstr, 1 Rd str, in folgender Rd die beiden letzten M jeder Nd rechts zusstr, 1 Rd str, ab * 2x wdh = 16 M, in folgender Rd 8x 2 M rechts zusstr = 8 M. Zwischendurch, nach ca. 6 Rd, aus dem blauen Moosgummi zwei Kreise mit ca. ø 8 cm und einen Streifen ca. 25 cm lang und 7 cm hoch schneiden.

Einen Kreis auf den Boden legen, dann den Anschlagrand des Bodens zuziehen, den Streifen rundum an den Schaft legen, das Segment ausstopfen, den zweiten Kreis darauf legen, eventuell noch einmal nachstopfen. Den Deckel fertig str, die restlichen 8 M zuziehen.

Segment B: Wie Segment A arbeiten, aber Jeans und Zitrone vertauschen.

Segment C: Wie Segment A arbeiten, aber Jeans und Maigrün vertauschen.

Je 2 Segmente A, B und C arbeiten; davon 1 Segment B als Kopf und 1 Segment A als Schwanzende nehmen.

Ca. 4 cm langes Klettband schneiden und jeweils einen Teil auf den Boden und Deckel von 4 Segmenten nähen. Beim Kopf- und Endsegment jeweils nur auf den Deckel eine Hälfte des Klettbands nähen.

Fühler (2x): Aus Brazilia jeweils 8 M auf 4 Nd verteilt anschlagen und glatt rechts str. In der 1. Rd nach jeder M und in der 2. Rd nach jeder 2. M je 1 M zun = 24 M. Dann 8 Rd gerade hoch str. In folgender Rd jede 2. und 3. M und in folgender Rd 8x 2 M rechts zusstr. Das Gestrick zur Kugel ausstopfen, dann

SPIELSACHEN

Bälle und Ringe
→ zum Greifen lernen

WEITERFÜHRUNG
Gefräßige Raupe

für den Stiel über die restlichen 8 M noch 7 cm str, dabei zwischendurch ausstopfen. Alle M abk. Die Fühler auf das Kopfsegment nähen.

Augen (2x): In Jeans wie bei den Fühlern beschrieben, aber ohne Stiel arbeiten. Die Augen ausstopfen und annähen.

Mund: 8 M in Cyclam auf das Nadelspiel verteilt anschlagen und 8 cm glatt rechts str, zwischendurch ausstopfen. Alle M abk, evtl. nachstopfen und den Mund aufnähen.

Stachel: Für das Schwanzende einen Stachel in Zitrone str. Dafür 24 M auf 4 Nd verteilt anschlagen und glatt rechts str, dabei 3x in jeder 8. Rd verteilt 4x 2 M rechts zusstr = 12 M. In 8 cm Höhe 6x 2 M rechts zusstr. Die restlichen M mit dem Arbeitsfaden zuziehen. Den Stachel ausstopfen und aufnähen. Das Glöckchen an die Spitze nähen.

Tipp: Mit diesem Spielzeug kann die Motorik Ihres Babys geschult werden. Durch die Klettverschlüsse kann die Raupe immer wieder neu zusammengesetzt werden.

Kraus rechts
In Reihen jede R rechts str, in Runden 1 Rd rechts, 1 Rd links im Wechsel str

Bälle
Je Ball 28 M anschlagen und 84 R = 42 Rippen kraus str.

Alle M abk. Anschlag- und Abkettrand zusnähen. Kleine Vorstiche durch die Seitenränder nähen, dann einen Seitenrand fest zuziehen, Faden vernähen.

Den Ball sehr fest mit Füllwatte ausstopfen, dann den zweiten Seitenrand fest zuziehen, Faden vernähen.

Tipp: Bevor Sie den zweiten Rand eines Balles schließen, legen Sie kleine Steinchen oder Samenkerne in ein passendes Döschen und stecken dieses in die Mitte des Balls zwischen die Füllwatte. So rascheln und klappern die Bälle ganz interessant.

Ringe
Je Ring 20 M auf das Nadelspiel verteilt anschlagen. 30 cm kraus rechts str, alle M abk.
Jeden Ring fest mit Füllwatte ausstopfen, dann den Anschlag- mit dem Abkettrand zusnähen, dabei eventuell nachstopfen.

SPIELSACHEN

GRÖSSE
Ball ø ca. 8 cm
Ring ø ca. 14 cm

**MATERIAL
BÄLLE**

- Wollreste nach Wahl, z. B. Schachenmayr Catania Color in Afrika (Fb 93), ca. 20 g
- Schachenmayr Catania in Jaffa (Fb 189), Violett (Fb 113) und Flamingo (Fb 143), je ca. 20 g
- 1 Paar Stricknadeln Nr. 2-3
- kleine Steinchen oder Samenkerne
- passende Döschen
- Füllwatte

RINGE

- Wollreste nach Wahl, z. B. Schachenmayr Catania Color in Melody (Fb 94), ca. 25 g
- Schachenmayr Catania in Jaffa (Fb 189), Maigrün (Fb 170) und Violett (Fb 113), je ca. 25 g
- Nadelspiel 2-3
- Füllwatte

**MASCHEN-
PROBE**
Mit Nd 2-3 bei kraus rechts
26 M und 53 Rd
= 10 cm x 10 cm

Igel mit weichen Stacheln
→ lustige Handpuppe

GRÖSSE
ca. 13 cm breit, 25 cm hoch

MATERIAL
- Schachenmayr Catania in Kamel (Fb 179), 50 g
- Schachenmayr Catania in Schwarz (Fb 110), Rest
- Schachenmayr Brazilia Lungo in Kamel-Schwarz (Fb 212), 50 g
- Nadelspiel 2,5-3,5
- 1 Paar Stricknadeln Nr. 5-6
- Sticknadel ohne Spitze
- etwas Füllwatte

MASCHENPROBE
Mit Nd 2,5-3,5 und Catania bei glatt rechts 26 M und 36 R/Rd = 10 cm x 10 cm

Mit Nd 5-6 und Brazilia Lungo bei glatt rechts 15 M und 24 R = 10 cm x 10 cm

Kleines Perlmuster
1 M rechts, 1 M links im Wechsel und das Muster in jeder Rd versetzen

Glatt rechts
Hinr rechts, Rückr links bzw. in Runden jede Rd rechts str

Anleitung
Körper: 68 M in Kamel auf 4 Nd des Nadelspiels verteilt (= je Nd 17 M) anschlagen. Die Vorderseite über die M der 1. und 2. Nd, die Rückseite über die M der 3. und 4. Nd str. 4 Rd im kleinen Perlmuster, dann glatt rechts str. In 11 cm Höhe für die beidseitigen Armschlitze die M der 3. und 4. Nd stilllegen und 4 cm glatt rechts in R nur über die M der 1. und 2. Nd str, danach diese M stilllegen und nur über die M der 3. und 4. Nd 4 cm glatt rechts str. Weiter in Rd glatt rechts wieder über alle M str. In 20 cm Höhe beids zum Abrunden des Kopfes bei der 1. und 3. Nd jeweils die 2. und 3. M rechts überzogen zusstr (1 M rechts abh, folgende M rechts str und die abgehobene M überziehen) und gleichzeitig bei der 2. und 4. Nd jeweils die zweit- und drittletzte M rechts zusstr = je Nd 16 M bzw. 64 M insgesamt. Diese Abnahmen 2x in folgender 4. Rd und 5x in jeder 2. Rd wdh, dann die restlichen 36 M abk. Den Abkettrand zunähen.

Arme (2x): In Kamel jeweils 28 M aus den Armschlitzen auf 4 Nd verteilt auffassen und in Rd 6 cm glatt rechts str, dann für die Abnahmen bei 1. und 3. Nd die 2. und 3. M rechts überzogen, bei der 2. und 3. Nd die zweit- und drittletzte M rechts zusstr. Diese Abnahmen in jeder Rd 4x wdh, dann die restlichen 8 M mit dem Arbeitsfaden zuziehen.

Stacheln: 23 M mit Brazila Lungo und Nd 5-6 aus dem Anschlagrand des Rückens auffassen, 1 Rückr links, dann glatt rechts str. In 22 cm Höhe, in einer Hinr, dann in folgender 4. R beids je 1 M abk = 19 M. Weiter in jeder 2. R beids 2x 1 M und 3x 2 M abk, dann die restlichen 3 M rechts zusstr. Die Seitenränder der Stacheln aufnähen.

Nase: Mit 2 Nd des Nadelspiels mit Catania in Schwarz 6 M anschl und 8 R glatt rechts str, alle M abk. Kleine Vorstiche um alle Ränder nähen, dann zur kleinen Kugel zuziehen, mit etwas Füllwatte unterlegen und dann die Nase aufnähen.

Fertig stellen: In Schwarz über der Nase zwei kleine Kreuze als Augen, unter der Nase das V-förmige Schnäuzchen mit Stielstichen sticken.

SPIELSACHEN

Spiel- und Krabbeldecke

→ zum Entdecken

GRÖSSE
Vogel ca. 20 cm hoch
Blume ø ca. 15 cm

MATERIAL
- Fleecedecke in Azurblau, 125 cm x 125 cm
- Klettband, ca. 50 cm

FÜR ZWEI VÖGEL
- Schachenmayr Cassiopeia in Mosaikblau (Fb 55) und Pool (Fb 56), je 50 g
- Schachenmayr Punto in Jeans (Fb 54) und Papaya (Fb 25), je 50 g oder Reste
- Garn in Schwarz, Rest
- reißfestes Garn
- 2 Nadelspiele 4,5-5
- Nadelspiel 3,5-4,5
- Stopfnadel mit Spitze
- Moosgummi, 3 mm stark, 20 cm x 10 cm
- 4 Glasaugen in Hellblau, ø 1 cm
- Füllwatte

PRO BLUME
- Schachenmayr Catania in Sonne (Fb 208), 8 g
- Schachenmayr Catania z.B. in Cyclam (Fb 114) oder einer Fb nach Wahl, je ca. 20 g
- 3 Nadelspiele 2,5
- Füllwatte

MASCHENPROBE
Mit Nd 4,5-5 und Cassiopeia bei glatt rechts 13 M und 26 R/Rd = 10 cm x 10 cm

Glatt rechts
Hinr rechts, Rückr links bzw. in Runden jede Rd rechts str

Bandspitze
Bei 1. und bei 3. Nd die zweit- und drittletzte M rechts zusstr und die letzte M rechts stricken; bei der 2. und 4. Nadel die 1. M rechts stricken und die beiden folgenden M rechts überzogen zusstr. Diese Abnahmen in jeder 2. Rd wdh, bis 8 M übrig sind.

Kraus rechts
In Reihen jede R rechts str

Kleines Perlmuster
1 M rechts, 1 M links im Wechsel str und das Muster in jeder R/Rd versetzen

1. Vogel
Für die Unterseite mit Punto Jeans 12 M auf 6 Nd der Spiele 4,5-5 verteilt (= 2 M je Nd) anschlagen und glatt rechts str, dabei in der 3. Rd und 3x in jeder 2. Rd am Ende jeder Nd 1 M rechts verschränkt aus dem Querfaden str = 36 M nach 10 Rd = ca. ø 7 cm. Weiter den Körper glatt rechts mit Cassiopeia Mosaikblau str, Rd-Beginn ist die Rückenmitte. In 14 cm Körperhöhe für den Hals 18x 2 M rechts zusstr = 18 M. Aus dem Moosgummi einen Kreis mit 8 cm Durchmesser ausschneiden und auf die Unterseite legen, dann den Körper ausstopfen. Weiter 3 Rd str, dann für den Kopf gleichmäßig verteilt 10 M zun = 28 M. Die M gleichmäßig auf 4 Nd verteilen = 7 M je Nd. Weiter für den Hinterkopf in Reihen nur über die 14 M der 1. und 4. Nd glatt rechts 10 R str. Danach die M in 3 Teile teilen, je 4 M für die Außenteile und 6 M für den Mittelteil. Nun ein Käppchen str. Dafür * in folgender Hinr bis vor die letzte M des Mittelteils str, diese M mit der anschließenden M des Außenteils rechts überzogen zusstr (1 M rechts abh, folgende M rechts str und die abgehobene M überziehen), wenden, die 1. M links abh, mit Faden vor der M, 4 M rechts str und die letzte M des mittleren Teils mit der anschließenden M des Außenteils links zusstr, wenden, die 1. M links abh mit Faden hinter der M, diesen Vorgang ab * 3x wdh = je 3 M auf 1. und 4. Nd. Weiter in Runden über alle M glatt rechts str, dabei in 1. Rd 3 M der 1. Nd str, aus dem anschließenden Rand 5 M und aus dem

SPIELSACHEN

WEITERFÜHRUNG
Spiel- und Krabbeldecke

Querfaden zwischen 1. und 2. Nd 1 M rechts verschränkt str = 9 M auf 1. Nd, die je 7 M der 2. und 3. Nd str, mit 4. Nd 1 M rechts verschränkt aus dem Querfaden zwischen 3. und 4. Nd str und 5 M aus dem anschließenden Rand auffassen und die letzten 3 M der Rd rechts str = 9 M auf 4. Nd. Weiter für die beids Spickelabnahmen 2x in jeder 2. Rd am Ende der 1. Nd die zweit- und drittletzte M rechts zusstr und bei der 4. Nd die 2. und 3. M rechts überzogen zusstr = 7 M je Nd. Zwischendurch immer wieder den Kopf nachstopfen. Danach noch 1 Rd in Mosaikblau str. Weiter den **Schnabel** mit Punto Papaya und dem Nadelspiel 3,5-4,5 glatt rechts str, dabei in 1. Rd verteilt 8x 2 M rechts zusstr = 5 M je Nd. In 4 cm Schnabellänge die Bandspitze arbeiten, dabei Kopf und Schnabel immer wieder nachstopfen. Die restlichen 8 M zuziehen. Mit Schwarz, zwei Nasenlöcher mit je einem Margeritenstich und um den Schnabel Stielstiche sticken. Die Augen sehr gut mit dem reißfesten Garn annähen. Für den **Flügel** mit Cassiopeia Pool 8 M auf 4 Nd verteilt anschlagen und glatt rechts, 8 Rd in Pool, je 2 Rd in Mosaikblau, Pool, Mosaikblau, Pool und Mosaikblau, dann in Pool str. Dabei für die Schrägung 10x in jeder 2. Rd vor der letzten M der 2. Nd und nach der 1. M der 3. Nd je 1 M rechts verschränkt aus dem Querfaden str = 28 M. In 12 cm Höhe alle M abk. Den Abkettrand zusnähen. Beide Flügel gleich arbeiten und mit der Schrägung zur Bauchseite annähen.

2. Vogel

Wie den 1. Vogel arbeiten, jedoch den Körper mit Hinterkopf und Käppchen in Cassiopeia Pool str. Danach die M in Cassiopeia Mosaikblau auffassen und bis zum Beginn des Schnabels in Mosaikblau str.
Die Flügel wie beim 1. Vogel str, jedoch 8 M mit Punto Jeans anschlagen und 8 Rd in Punto Jeans, dann abwechselnd 2 Rd in Papaya Mosaikblau und 2 Rd in Punto Jeans str.

Blumen

Für die **Blütenmitte** in Sonne auf 6 Nd der Spiele 2,5 verteilt 12 M (= 2 M je Nd) anschlagen und 1 Rd 1 M rechts, 1 M links im Wechsel str. Weiter in jeder Rd die 1. M jeder Nd stets rechts, die übrigen M im kleinen Perlmuster str und 6x in jeder 2. Rd bei jeder Nd nach der 1. M dem kleinen Perlmuster entsprechend 1 M links bzw. rechts verschränkt aus dem Querfaden str = 48 M nach der 13. Rd. Noch 1 Rd str, dann alle M stilllegen. Den Anschlagrand zuziehen. Ein zweites Teil ebenso str. Nun beide Teile aufeinander legen, dabei etwas Füllwatte dazwischenlegen und die M beider Teile zus auf 8 Nd nehmen. Dafür abwechselnd 1 M der vorderen Nd, dann 1 M der hinteren Nd abh bis jeweils 12 M auf einer Nd sind. Danach in R 8 Blütenblätter in Cyclam oder Fb nach Wahl über 12 M kraus rechts str. Nach jeweils 20 R für die Spitze 5x in jeder 2. R bis 4 M vor die Mitte der R str, dann 2 M rechts zusstr, die folgende M rechts abh, 1 M rechts str und die abgehobene M überziehen. In folgender R die restlichen 2 M rechts zusstr.

Fertig stellen

Das Klettband in kleine Stücke schneiden. Jeweils eine Hälfte in beliebiger Verteilung auf die Decke, die andere Hälfte unter die Vögel und Blumen nähen, dann alles beliebig verteilt auf den Klettband-Stücken der Decke anordnen.

 SPIELSACHEN

Mein Kuschelmond
Anleitung Seite 12/13

Mein Kuschelmond

→ Spieluhr

SPIELSACHEN

GRÖSSE
ca. 30 cm hoch

MATERIAL
- Schachenmayr Brazilia in Mimose (Fb 22), 50 g
- Schachenmayr Punto in Melone mouliné (Fb 30), 50 g
- Schachenmayr Punto in Mango (Fb 24), Rest
- stabiles Garn
- reißfestes Garn
- Nadelspiel 4
- Sticknadel ohne Spitze
- Nähnadel
- Spieluhr (aus dem Spielwaren- oder Bastelladen)
- 2 Wackelaugen zum Aufnähen, ø 1,5 cm
- Füllwatte

MASCHEN-PROBE
Mit Nd 4 und Brazilia bei glatt rechts 20 M und 33 R/Rd = 10 cm x 10 cm

Mit Nd 4 und Punto im Rippenmuster (ungedehnt) 18 M und 26 R = 10 cm x 10 cm

VORLAGEN-BOGEN 2A

Glatt rechts
Hinr rechts, Rückr links bzw. in Runden jede Rd rechts str

Rippenmuster
2 M rechts, 2 M links im Wechsel

Anleitung
Für den **Mond** zunächst zwei gegengleiche Teile in Reihen str.

Für das 1. Teil 15 M anschl und glatt rechts die 1.-7. R nach Strickschema str, die 1. R ist eine Hinr. Nach der 7. R befinden sich 21 M auf der Nd, die M stilllegen und das 2. Teil gegengleich str. Dafür 15 M anschl und glatt rechts str, die 1. R ist eine Rückr. Dabei für die Abnahmen am Beginn der Rückr die beiden M nach der Rand-M links zusstr und die Zunahmen am Ende der Rückr arbeiten = 21 M nach der 7. R, die M stilllegen. Weiter über die M beider Teile in Runden glatt rechts nach Strickschema über der grauen gestrichelten Linie die 8.- 40. Rd str, dabei in 1. Rd die M des 1. Teils auf 2 Nd = 1. und 2. Nd, dann die M des 2. Teils auf 2 Nd = 3. und 4. Nd str. Wie gezeichnet für die Abnahmen bei der 1. Nd die 2. und 3. M rechts überzogen zusstr, bei der 2. Nd für die Zunahmen vor der letzten M 1 U arbeiten, bei der 3. Nd jeweils nach der 1. M 1 U arbeiten und bei der 4. Nd jeweils die zweit- und drittletzte M rechts zusstr = 62 M. In 12 cm Höhe bzw. nach der 40. Rd weiter ohne Zunahmen 6 cm (20 Rd) str, dann den oberen Teil nach Strickschema ab der 61. Rd str. Dabei wie gezeichnet für die Zunahmen bei der 1. Nd jeweils nach der 1. M 1 U arbeiten, für die Abnahmen bei der 2. Nd die zweit- und drittletzte M rechts überzogen zusstr, bei der 3. Nd die 2. und 3. M rechts überzogen zusstr, bei der 4. Nd vor der letzten M 1 U arbeiten. Nach insgesamt 92 Rd die Arbeit teilen und erst über die M der 1. und 2. Nd in Reihen die 1. Hälfte wie gezeichnet weiterstr, dabei am linken Rand die M in den Rückr abk, nach insgesamt 98 R/Rd die restlichen 10 M abk. Danach über die M der 3. und 4. Nd die 2. Hälfte gegengleich beenden.

Das stabile Garn durch die obere Öse der Spieluhr ziehen und die Schnurenden ca. 10 cm neben der oberen Spitze gut festnähen. Die Spieluhr in die Hülle stecken und die Öse festnähen. Dann den Mond mit Füllwatte ausstopfen und die Öffnungen schließen.

Für die **Mütze** in Melone mouliné 48 M auf das Nadelspiel verteilt anschlagen und im Rippenmuster str. In 23 cm Höhe jede 1. rechte M mit der M davor links zusstr und weiter 2 M rechts, 1 M links im Wechsel str. In folgender 8. Rd jede 2. rechte M rechts abh, folgende M rechts str und die abgehobene M überziehen und weiter über 24 M glatt rechts str. In folgender 4. Rd jede 2. und 3. M rechts zusstr und in folgender Rd 8x 2 M rechts zusstr. Die restlichen M zusziehen. Einen Pompon mit ca.ø 4 cm in Mango anfertigen und am Mützenzipfel befestigen. Den Anschlagrand ca. 5 cm breit umschlagen, dann die Mütze über den Mond stülpen und den Rand annähen, vgl. Abbildung. Die Wackelaugen mit dem reißfesten Garn sehr gut annähen, mit Melone mouliné den V-förmigen Mund mit Spannstichen aufsticken.

Viele Bausteine

→ für große Türme

GRÖSSE
ca. 6,5 cm (Kantenlänge)

MATERIAL FÜR CA. 6 WÜRFEL
- Schachenmayr Catania, in Violett (Fb 113), Pistazie (Fb 236) und Mimose (Fb 100), je 50 g
- Schaumstoffwürfel, ca. 6,5 cm (Kantenlänge)
- Nadelspiel 2,5

MASCHENPROBE
Mit Nd 2,5 bei kraus rechts 27 M und 46 R = 10 cm x 10 cm

VORLAGENBOGEN 1B

Kraus rechts
In Reihen jede R rechts str, in Runden 1 Rd links, 1 Rd rechts im Wechsel str

Anleitung
Alle Seiten des Würfels kraus rechts nach Anleitung und Nummerierung im Schema str. Die Ränder werden durch Auffassen von M oder durch Zusstricken der M miteinander verbunden.

Seite 1: In Fb B 3 M anschlagen. Je 8 R in Fb B, Fb A, Fb B und Fb A str, dabei in 3. R und 14x in jeder 2. R vor und nach der mittleren M je 1 U arbeiten und in folgender R rechts verschränkt str = 33 M. Nach 32 R alle M stilllegen = Ränder 1.1 und 1.4.

Seite 2: Auf der Vorderseite 16 M in Fb C aus Rand 1.2 auffassen und 31 R str, dann die M stilllegen = Rand 2.2.

Seite 3: Auf der Vorderseite in Fb C 17 M aus Rand 1.3, dann 16 M aus Rand 2.3 = insgesamt 33 M auffassen und 1 Rückr rechts, dann 6 R in Fb C und 24 R in Fb B str, dabei 15x in jeder 2. R (= Hinr) vor und nach der mittleren M 2 M rechts zusstr und in folgender 2. R die restlichen 3 M rechts zusstr.

Seite 4: 16 M in Fb A aus Rand 3.4 auffassen und 7 R in Fb A und 24 R in Fb B str. Dabei am Ende der 1. R (= Rückr), dann 15x in jeder folgenden 2. R die letzte M von Seite 4 mit der anschließenden M des Rands 1.4 rechts überzogen zusstr (die letzte M rechts abh, die M des Rands rechts str und die abgehobene M überziehen), wenden und die 1. M rechts abh mit Faden hinter der M. Alle M stilllegen = Rand 4.1.

Seite 5: Auf der Vorderseite in 1. R mit Fb B 16 M aus Rand 2.1 auffassen, dann die ersten 16 M des Randes 1.1 str und die letzte M mit der anschließenden M des Rands 4.1 rechts überzogen zusstr. Weiter 15 R in Fb B und 16 R in Fb C str. Dabei in 2. R und in jeder folgenden 2. R am Beginn jeder R die 1. M rechts abh mit Faden hinter der M. Außerdem in 3. R und 14x in jeder folgenden 2. R je 2 M vor der mittleren M und 2 M nach der mittleren M rechts zusstr und gleichzeitig an jedem R-Ende die letzte M mit der anschließenden M des Randes 4.1 rechts überzogen zusstr. Für die letzte Abnahme und das Verbinden mit Rand 4.1 nach der mittleren M die beiden M rechts abh, die M des Rands 4.1 rechts str und die abgehobenen M überziehen. In folgender R die restlichen 3 M rechts zusstr.

Seite 6: Vor dem Stricken dieser Seite aus Schaumstoff einen Würfel von ca. 6,5 cm Kantenlänge (etwas größer als die gestrickten Kantenlängen) zuschneiden. Danach mit Fb A die stillgelegten M des Rands 2.2 str und aus den restlichen Rändern je 16 M dazu auffassen. Kraus rechts str, mit 1 Rd

SPIELSACHEN

links beginnen. Dabei 6x in jeder Rechts-Rd bei jeder Nd die 2. und 3. M und die beiden letzten M rechts zusstr = 4 M je Nd. In folgender Rechts-Rd auf jeder Nd 2x 2 M rechts zusstr und die restlichen 8 M mit einfachem Faden zuziehen, Faden vernähen. Zwischendurch nach ca. 8 Rd den Schaumstoffwürfel in die Hülle stecken.

Tipp: Damit nicht so viele Fäden vernäht werden müssen, können beim Farbwechsel bei glatt rechts und kraus rechts Gestricken die Fäden während des Strickens am R-Beginn eingewebt werden. Dafür auf der Rückseite der Arbeit ca. 4-8x nach jeder gestrickten M zunächst jedes Mal den Faden der alten Farbe über den Arbeitsfaden (Faden mit dem gestrickt wird) legen, danach in folgender 2. R den Faden der neuen Farbe ebenso einweben. Im Bereich des Einwebens die M besonders fest str.

Buntes Mobile

→ fliegende Fische

GRÖSSE
Fisch ca. 17 cm lang

MATERIAL
- Schachenmayr Catania in Farben nach Wahl, z. B. Pfau (Fb 146), Flamingo (Fb 143), Flieder (Fb 226), Pistazie (Fb 236), Violett (Fb 113), Zitrone (Fb 204), Orchidee (Fb 222), Natur (Fb 105) und Pool (Fb 165), je ca. 15 g
- transparenter Faden
- Nadelspiel 2,5-3
- Sticknadel ohne Spitze
- Füllwatte
- Mobile-Stern, ø 33 cm (Bausatz aus dem Bastelfachhandel)
- Acrylfarbe in Blau
- Pinsel

MASCHENPROBE
Mit Nd 2,5-3 bei glatt rechts 32 M und 36 Rd = 10 cm x 10 cm

VORLAGENBOGEN 1A

Kraus rechts
In Reihen jede R rechts str

Glatt rechts
In Runden jede Rd rechts str

Hinweis:
Je einen Fisch in Fb A = Pool, Fb B = Natur; in Fb A = Orchidee, Fb B = Flieder; Fb A = Flieder, Fb B = Pool; Fb A = Pistazie, Fb B = Zitrone; Fb A = Flamingo, Fb B = Violett und Fb A = Pfau, Fb B = Pistazie oder in Farben nach eigener Wahl arbeiten.

Körper
Am Maul beginnen. 8 M in Fb A auf 4 Nd verteilt anschlagen und glatt rechts nach Strickschema str. Es sind die M der 1. und 2. Nd gezeichnet; die M der 3. Nd wie die M der 1. Nd und die M der 4. Nd wie die M der 2. Nd str. In ca. 17 cm Höhe, am Ende der Zeichnung die restlichen 44 M des Schwanzes abk. Auf die Vorder- und Rückseite je ein Auge in Fb A mit Spannstichen sticken.

Rückenflosse
In Fb A zwischen den mit Sternchen gekennzeichneten M am Kopfende beginnend 16 M auffassen und kraus rechts str, dabei am Beginn der 2. und 4. R die Rand-M und die M danach rechts zusstr und gleichzeitig am Ende der 2. und 4. R vor der Rand-M 1 M rechts verschränkt aus dem Querfaden str. Nach insgesamt 5 R alle M abk.

Bauchflosse
In Fb A zwischen den mit Kreisen gekennzeichneten M am Kopfende beginnend 10 M auffassen und kraus rechts str. Dabei in jeder 2. R am R-Beginn (= dem Kopf zugewandte Seite) die Rand-M und die M danach rechts zusstr, am R-Ende vor der Rand-M 1 M rechts verschränkt aus dem Querfaden str. Nach insgesamt 8 R alle M abk.

Brustflossen
Auf die Vorder- und Rückseite je eine Flosse in Fb B arbeiten. Dafür jeweils neben den Augen zwischen den Sternchen 10 M auffassen und kraus rechts str, dabei in 8. R am R-Beginn die Rand-M rechts abh, folgende M rechts str und die Rand-M überziehen, am R-Ende die Rand-M mit der M davor rechts zusstr, dann 2x in jeder folgenden 2. R beids je 1 M ebenso abn und in folgender R die restlichen 4 M abk.

Fertig stellen
Den Fisch mit Füllwatte ausstopfen. Den Schwanz zusnähen, dabei nach Bedarf nachstopfen. Insgesamt sechs Fische in Farbkombinationen nach Wahl anfertigen.
Die Holzteile des Mobiles mit der Acrylfarbe anstreichen und nach dem Trocknen zusbauen. Die Fische mit Perlonfäden an das Mobile hängen.

SPIELSACHEN

Kleines Zwergenpaar
→ ein Klassiker

GRÖSSE
ca. 15 cm hoch

MATERIAL
- Schachenmayr Catania in Violett (Fb 113), Cyclam (Fb 114), Natur (Fb 105), Maigrün (Fb 170) und Orchidee (Fb 222), je 50 g oder Rest
- Schachenmayr Brazilia in Grenadine (Fb 24), Rest
- 1 Paar Stricknadeln 2,5-3
- Nadelspiel 2,5-3
- Sticknadel ohne Spitze
- Füllwatte

MASCHEN-PROBE
Mit Nd 2,5-3 bei glatt rechts 28 M und 40 R = 10 cm x 10 cm

VORLAGEN-BOGEN 1A

Glatt rechts
Hinr rechts, Rückr links bzw. in Runden jede Rd rechts str

Intarsientechnik
Für jedes Farbfeld einen extra Knäuel verwenden und bei jedem Farbwechsel die Fäden auf der Arbeitsrückseite verkreuzen. Die Schuhe und Hände werden nachträglich mit Maschenstichen auf die Vorderseite gestickt. Die Haare entstehen durch Stricken mit dem Fransengarn Brazilia.

Hinweis: Unterschiedliche Angaben für die Zwerge sind durch Schrägstriche getrennt.

Vorderseite
34 M in Violett/Cyclam anschlagen und glatt rechts in Intarsientechnik nach Strickschema str, dabei mit 1 Rückr beginnen. Für die gezeichneten Abnahmen am R-Beginn die Rdm mit der folgenden M rechts verschränkt zusstr und am R-Ende die Rdm mit der M davor rechts zusstr. In ca. 14,5 cm Höhe, nach der letzten gezeichneten R, die restlichen 12 M stilllegen. Die Schuhe in Maigrün/Violett und die Hände in Natur mit Maschenstichen aufsticken. Mit Stielstichen Armkonturen in Violett/Cyclam und den Mund in Cyclam aufsticken. Mit Spannstichen Augen in Maigrün/Violett und Knöpfe in Maigrün/Cyclam aufsticken.

Rückseite
34 M in Violett/Cyclam anschlagen und 1 Rückr linke M und 22 R glatt rechts str, weiter glatt rechts 20 R in Cyclam/Orchidee und 15 R in Maigrün/Violett str, dabei die beids Abnahmen wie bei der Vorderseite arbeiten. In ca. 14,5 cm Höhe die restlichen 12 M stilllegen. Über die stillgelegten je 12 M der Mütze in Maigrün/Violett den Zipfel in Runden glatt rechts weiterstr. Dabei 4x in jeder 10. Rd verteilt 4x 2 M rechts zusstr. Über die restlichen 8 M noch 10 Rd str, dann die M mit dem Arbeitsfaden zuziehen und den Faden vernähen. Den Zipfel verknoten.

Fertig stellen
Die Seitennähte und die untere Naht bis auf eine Öffnung zum Ausstopfen auf der Rückseite schließen. Die Zwerge wenden und ausstopfen, dann die restliche Naht schließen.

SPIELSACHEN

Netter Frosch-Waschhandschuh
→ küss' mich!

GRÖSSE
ca. 15 cm breit, 22 cm lang

MATERIAL
- Schachenmayr Catania in Apfel (Fb 205), 100 g und in Signalrot (Fb 115), 50 g.
- dünnes Baumwollgarn in Dunkelblau, Rest
- Nadelspiel 2,5-3,5
- Sticknadel ohne Spitze

MASCHENPROBE
Mit Nd 2,5-3,5 bei kraus rechts 26 M und 50 R/Rd = 10 cm x 10 cm
Mit Nd 2,5-3,5 bei glatt rechts 26 M und 36 R = 10 cm x 10 cm

Glatt rechts
Hinr rechts, Rückr links str

Kraus rechts
In Reihen jede R rechts str; in Runden 1 Rd links, 1 Rd rechts im Wechsel str

Anleitung
80 M in Apfel auf das Nadelspiel verteilt (= 20 M je Nd) anschlagen und kraus rechts str. In 15 cm Höhe, nach einer Rd mit linken M, den *äußeren Unterkiefer* über die M der 1. und 2. Nd kraus rechts weiterstr, die restlichen M stilllegen. Dabei 1x in 8. R, 2x in jeder 6. R, 1x in 4. R und 4x in jeder 2. R am R-Beginn die beiden M nach der Rdm rechts überzogen zusstr (1 M rechts abh, 1 M rechts str und die abgehobene M überziehen) und am R-Ende die beiden M vor der Rdm rechts zusstr = 24 M; weiter in jeder 2. R beids 2x 2 M und 1x 4 M abk. Über die restlichen 8 M weiter für den *inneren Unterkiefer* glatt rechts in Signalrot str, dabei beids in jeder 2. R 1x 3 M und 1x 2 M neu anschlagen = 18 M, dann 6x in jeder 2. R und 3x in jeder 4. R am R-Beginn nach der Rand-M und am R-Ende vor der Rand-M je 1 M zun = 36 M. Nach insgesamt 32 R = ca. 9 cm in Signalrot die M stilllegen.

Den *äußeren Oberkiefer* in Apfel wie den äußeren Unterkiefer, aber mit Augen str. Für die *Augen* nach 20 R ab Beginn des Oberkiefers über der 10. M vor der Mitte und über der 10. M nach der Mitte des Oberkiefers je eine Noppe in Apfel str. Dafür jeweils aus der M 1 M rechts, 1 U, 1 M rechts, 1 U, 1 M rechts, 1 U und 1 M rechts = 7 M str und nur über diese 7 M 6 R glatt rechts str, dann den Faden vor die Noppen-M legen und nacheinander die 7 Noppen-M über den Faden heben. Anschließend den *inneren Oberkiefer* in Signalrot wie den inneren Unterkiefer str und nach der 32. R die M stilllegen.

Auf der Innenseite des Frosches die stillgelegten M des Oberkiefers durch Zusstr abk. Dafür beide Nd hintereinander legen, dann 1 M der hinteren Nd und 1 M der vorderen Nd links zusstr, noch 1x * 1 M der hinteren Nd und 1 M der vorderen Nd links zusstr, dann, von der Nadelspitze aus gezählt, die 2. M über die 1. M heben, ab * wiederholen, zum Schluss den Faden durch die letzte M ziehen. Die äußeren und inneren Hälften des Unterkiefers und des Oberkiefers zunähen. Den Frosch wenden.

Auf die Noppen-Augen mit dem dunkelblauen Baumwollgarn zwei senkrechte Linien als Pupillen mit Stielstichen sticken.

Tipp: Der Waschhandschuh ist aus Baumwollgarn gestrickt und trocknet nach dem Baden sehr schnell wieder.

NÜTZLICHES & PRAKTISCHES

Süße Kätzchen

→ für Kirschkernsäckchen

GRÖSSE
ca. ø 21 cm

MATERIAL
- Schachenmayr Extra Merino in Cremerosa (Fb 36) oder Wollweiß (Fb 02), 50 g
- Schachenmayr Extra Merino in Granit (Fb 98), Rest
- Nadelspiel 3-4
- Sticknadel ohne Spitze
- Reißverschluss (Opti S 40) in Rosa (Fb 749) oder Natur (Fb 089), 15 cm lang
- etwas Füllwatte
- Baumwollstoff, ca. 25 cm x 50 cm
- Kirschkerne, ca. 600 g

MASCHENPROBE
Mit Nd 3-4 bei glatt rechts 22 M und 30 R/Rd = 10 cm x 10 cm

VORLAGENBOGEN 2 B

Glatt rechts
Hinr rechts, Rückr links bzw. in Runden jede Rd rechts str

Anleitung
36 M in Cremerosa oder Wollweiß auf 4 Nd verteilt anschlagen (= je Nd 9 M) und glatt rechts nach Strickschema str. Über die M der 1. und 2. Nd wird das Gesicht, über die M der 3. und 4. Nd der Hinterkopf gestrickt, dabei auf 3. Nd die Zu- und Abnahmen wie auf 1. Nd und auf 4. Nd die Zu- und Abnahmen wie auf 2. Nd str.

Nach 62 Rd weiter glatt rechts für die Ohren wie folgt arbeiten: Für das 1. Ohr von der 1. Nd 1 M str, 2 M rechts überzogen zusstr, 8 M str und diese 10 M stilllegen, die folgenden 16 M abk, für das 2. Ohr 8 M str, 2 M rechts zusstr, 1 M rechts str und diese 10 M stilllegen, dann alle M der 3. und 4. Nd abk und das 1. Ohr in Runden weiterstr. Dafür für das hintere Ohr 10 M neu anschlagen und je 5 M auf 2 Nd = 3. und 4. Nd nehmen, dann die stillgelegten 10 M str und dabei auf 2 Nd verteilen. Die Abnahmen wie gezeichnet str. Über die restlichen 4 M noch 1 Rd str dann die M mit dem Arbeitsfaden zuziehen. Das 2. Ohr ebenso str. Die Ohren mit etwas Füllwatte ausstopfen und die Anschlagränder der hinteren Ohrhälften an die vorderen Ohrhälften nähen.

Für die Nase 3 M in Granit anschlagen und in R glatt rechts nach Strickschema str, mit 1 Rückr linker M beginnen. Die beids Zu- und Abnahmen wie gezeichnet arbeiten und nach 9 R alle M abk. Die Nase mittig auf das Gesicht nähen, dabei mit etwas Füllwatte unterlegen.

Fertig stellen
Die Augen mit Spannstichen, das Schnäuzchen mit Stielstichen sticken, unter der Nase Knötchenstiche mit geteiltem Faden in Granit sticken, siehe auch Abbildung.

Den Anschlagrand zusnähen. Den Reißverschluss mittig zwischen die Abkettränder nähen und restliche Naht schließen.

Aus dem Baumwollstoff ein Kissen nähen. Dafür zwei Kreise mit ca. ø 21 cm schneiden und mit der Nähmaschine zussteppen, dabei eine Öffnung lassen. Die Kirschkerne einfüllen und die Öffnung schließen. Das Kissen in die Hülle stecken.

NÜTZLICHES & PRAKTISCHES

Wärmflaschenhülle
→ schön warm

GRÖSSE
ca. 15 cm breit, 20 cm hoch

MATERIAL
- Schachenmayr Extra Merino in Indigo (Fb 51), Tanne (Fb 70), Mosaikblau (Fb 55) und Dezentblau (Fb 53), je 50 g
- Nadelspiel 2,5-3
- Nadelspiel 3-4
- kleine Wärmflasche

MASCHENPROBE
Mit Nd 3-5 im Grundmuster 25 M und 35 R = 10 cm x 10 cm

VORLAGENBOGEN 2B

Grundmuster
Jede Rd nach Strickschrift str, dabei den Rapport von 8 M stets wdh. Nach der 1. und 2. Rd die 3.-8. Rd stets wdh.

Rippenmuster
3 M links, 3 M rechts im Wechsel str

Noppe
Aus 1 M 7 M (1 M rechts, 1 U im Wechsel) str, dann nur über diese 7 Noppen-M 1 Rückr linke M, 1 Hinr rechte M, 1 Rückr linke M und 1 Hinr rechte M str; die Noppen-M befinden sich auf der rechten Nd. Dann nacheinander die 2.-7. M über die 1. M heben.

Anleitung
60 M in Indigo auf 4 Nd 3-4 verteilt (= je Nd 15 M) anschlagen und 1 Rd rechte M str. In folgender Rd nach jeder 3. M 1 M links verschränkt aus dem Querfaden str = 80 M. Weiter im Grundmuster 17 Rd in Indigo, je 3 Rd in Tanne, Mosaikblau, Indigo und Tanne, dann 9 Rd in Mosaikblau, je 3 Rd in Indigo, Mosaikblau und Tanne, 6 Rd in Mosaikblau und je 3 Rd in Dezentblau, Mosaikblau, Dezentblau, Indigo, Mosaikblau = insgesamt 70 Rd = ca. 20 cm str. Für das obere Bündchen in folgender Rd mit Indigo * 2 M rechts str, 1 M rechts abh, folgende M rechts str und die abgehobene M überziehen, ab * 19x wdh = 60 M. Weiter mit Indigo im Rippenmuster str, dabei mit 3 M links beginnen und nach 8 Rd weiter mit Nd 2,5-3 im Rippenmuster str. In 14 cm Bündchenhöhe auf der Innenseite mit Dezentblau Noppen str. Dabei alle M rechts str und in die 2. M, dann in jede 3. M eine Noppe arbeiten und sofort abk. Den Anschlagrand zunähen. Die Wärmflasche in die Hülle stecken und das Bündchen zur Hälfte nach außen umschlagen.

NÜTZLICHES & PRAKTISCHES

Schnullerkette

→ nie mehr lange suchen

GRÖSSE
ca. 36 cm lang

MATERIAL
- Schachenmayr Catania Color in Melody (Fb 94) oder Schachenmayr Catania in Jeans (Fb 164), je 15 g
- Nadelspiel 2,5-3
- Häkelnadel Nr. 2,5-3
- Druckknopf, ø 0,8 cm
- etwas Füllwatte

MASCHEN-PROBE
Mit Nd 2,5-3 im kleinen Perlmuster
27 M und 45 R = 10 cm x 10 cm

Glatt rechts
In Runden jede Rd rechts str

Kleines Perlmuster
1 M rechts, 1 M links im Wechsel und das Muster in jeder Rd versetzen

Anleitung
Zunächst eine Schlaufe häkeln. Dafür 35 Lm häkeln und mit 1 Km zum Ring schließen. Nun die Schlinge von der Häkelnadel auf eine Nd des Spiels nehmen und 1 M dazu anschlagen, dann auf 2 weitere Nd des Spiels je 2 M anschlagen = insgesamt 6 M. Weiter in Rd * über 6 M 8 Rd glatt rechts str, dann eine Kugel arbeiten. Dafür im Wechsel 1 M rechts str, 1 M zun (1 M rechts verschränkt aus dem Querfaden str) = 12 M. In folgender Rd nach jeder 2. M 1 M zun = 18 M. Weiter 8 Rd im kleinen Perlmuster str. Weiter glatt rechts str und in folgender Rd jede 2. und 3. M rechts zusstr = 12 M, die Kugel ausstopfen, dann in folgender Rd 6x 2 M rechts zusstr = 6 M. Nach Bedarf die Kugel nachstopfen. Diesen Vorgang ab * 7x wdh = acht Kugeln.

Noch 7 cm glatt rechts über die restlichen 6 M str, dann die M mit dem Arbeitsfaden zuziehen, Faden vernähen. Unter den zusgezogenen M den einen Teil und entsprechend über der letzten Kugel den zweiten Teil des Druckknopfs nähen. Das Ende durch die Öse des Schnullers stecken und den Druckknopf schließen. Die Schlaufe z.B. um einen Hosenträger legen, dann den Schnuller mit Kette durch die Schlaufe ziehen.

Tipp: Die Kette können Sie bei Bedarf einfach verlängern, indem ein paar Kugeln mehr gestrickt werden.

NÜTZLICHES & PRAKTISCHES

Schmusedecke und Kissenhülle

→ sooo weich!

GRÖSSE
ca. 90 cm x 90 cm (Decke)
ca. 40 cm x 40 cm (Kissen)

MATERIAL
- Schachenmayr Hip Hop in Fresh color (Fb 81), 575 g
- Schachenmayr Boston in Mimose (Fb 22), 100 g
- 1 Paar Stricknadeln Nr. 7
- Häkelnadel Nr. 7
- Kissen, 40 cm x 40 cm

MASCHENPROBE
Mit Nd 7 bei kraus rechts
9 M und 18 R = 10 cm x 10 cm

Kraus rechts
Jede R rechts str

Decke
82 M mit Hip Hop und Stricknd 7 anschlagen und kraus rechts str.
In 90 cm Höhe alle M abk.
Die Decke spannen, anfeuchten und trocknen lassen.

Für die gehäkelte Muschelkante mit Boston und der Häkelnd den Faden anschlingen, dann 1 Lm häkeln, weiter * 1 fM, dann ca. 2 cm des Gestricks übergehen und 5 Stb in die gleiche Einstichstelle häkeln, ca. 2 cm des Gestricks übergehen und ab * stets wdh, dabei in den Ecken 7 Stb häkeln. Die Muschelkante mit 1 Km in die Lm am Rd-Beginn beenden.

Kissenhülle
Für die Rückseite 38 M mit Hip Hop und Stricknd 7 anschlagen und 40 cm kraus rechts str, alle M abk.
Danach für die Vorderseite 38 M mit Hip Hop und Stricknd 7 anschlagen und für die Kissenplatte 40 cm, und zusätzlich 20 cm für den Übertritt = insgesamt 60 cm kraus rechts str, alle M abk.

Rück- und Vorderseite aufeinander legen, dann den Übertritt umschlagen und mit Boston die Kissenplatten mit fM zushäkeln, dabei in die Ecken 3 fM häkeln, dann eine Muschelkante wie bei der Decke häkeln.

Das Kissen in die Hülle stecken.

NÜTZLICHES & PRAKTISCHES

Kuscheldecke

→ mit Kapuze

GRÖSSE
ca. 82 cm x 82 cm

MATERIAL
- Schachenmayr Storia in Istanbul color (Fb 80), 300 g
- Schachenmayr Brazilia in Mimose (Fb 22), 350 g
- Rundstricknadel Nr. 4-5, 120 cm lang
- Häkelnadel Nr. 4-5

MASCHENPROBE
Mit Nd 4-5
bei kraus rechts
20 M und 40 R
= 10 cm x 10 cm

Kraus rechts
Jede R rechts str. In Runden 1 Rd links und 1 Rd rechts im Wechsel str

Hinweis: Die Decke wird in einer Ecke begonnen. Die quadratiasche Form entsteht durch die Umschläge beidseitig der mittleren Maschen.

Anleitung
Mit Storia 3 M anschlagen und 1 Rückr rechte M str. Weiter kraus rechts 8 R (= 4 Rippen) mit Storia und 8 R mit Brazilia im Wechsel str. Dabei in jeder Hinr vor und nach der mittleren M je 1 U arbeiten = 2 zugenommene M. In den Rückr die U rechts str.

In ca. 78 cm Höhe (= 313 R), bzw. nach dem 20. Streifen in Storia, es befinden sich 315 M auf der Nd, die Oberseite der Kapuze beginnen. Dafür die äußeren je 84 M stilllegen und nur über die mittleren 147 M kraus rechts in der Streifenfolge weiterstr. Dabei in folgender R, dann in jeder 2. R am R-Beginn die Rdm mit der folgenden M rechts überzogen zusstr (1 M rechts abh, 1 M rechts str und die abgehobene M überziehen), bis 1 M vor die mittlere M str, dann folgende 2 M zusammen rechts abh, 1 M rechts str und die abgehobene M überziehen, danach bis 2 M vor R-Ende str und die Rdm mit der M davor rechts zusstr. Diese Abnahmen in jeder 2. R wdh bis noch 3 M übrig sind. In folgender Rückr diese 3 M rechts zusstr.

Für den Rand in Brazilia aus der unteren Ecke 1 M auffassen und markieren, aus dem Seitenrand 156 M (aus jedem Streifen 4 M), aus der anschließenden Ecke 1 M auffassen und markieren, die stillgelegten 84 M rechts str, aus dem Kapuzenrand 91 M auffassen und die 1. und letzte M markieren, folgende 84 M rechts str, aus der Ecke 1 M auffassen und markieren, aus dem Seitenrand 156 M auffassen = insgesamt 574 M. Weiter noch 7 Rd 1 Rd links und 1 Rd rechts im Wechsel str, dabei in jeder Rechts-Rd beids der markierten Eck-M je 1 U arbeiten und jede markierte Kapuzen-M zus mit der M davor rechts abh, folgende M rechs str und die abgehobenen M überziehen. Danach alle M abk, dabei rechts str.

Aus Storia eine Quaste aus ca. 120x 25 cm langen Fäden anfertigen. An die Kapuzenspitze mit doppeltem Faden in Storia eine ca. 5 cm lange Lm-Kette häkeln und die Quaste an die Lm-Kette nähen. Die Fäden auf gleiche Länge schneiden.

NÜTZLICHES & PRAKTISCHES

Stillkissen

→ auch prima zum Schlafen

NÜTZLICHES & PRAKTISCHES

GRÖSSE
ca. 180 cm lang

MATERIAL
- Schachenmayr Joana in Lagune Color (Fb 65), 900 g
- Rundstricknadel Nr. 7-8
- Nadelspiel 6-7
- Häkelnadel Nr. 4,5-5,5
- Reißverschluss (Opti S 40) in Natur (Fb 089), 60 cm lang
- Knopf, ø 2,5 cm

MASCHEN-PROBE
Mit Nd 7-8 im Grundmuster
16 M und 18 R/Rd = 10 cm x 10 cm
Mit Nd 6-7 im Grundmuster
17 M und 19 R/Rd = 10 cm x 10 cm

Hinweis: Um eine leichte Abrundung zu erzielen, wird das Stillkissen mit 2 Nadelstärken gestrickt.

Glatt links
Hinr links, Rückr rechts bzw. in Runden jede Rd links str

Kraus rechts
In Reihen jede R rechts bzw. in Runden 1 Rd links, 1 Rd rechts im Wechsel str

Grundmuster
Gerade Maschenzahl

In Runden
1. Rd: Alle M rechts str.
2. Rd: * Mit der rechten Nd durch die 1. M der linken Nd stechen und die 2. M rechts str, danach die 1. M der linken Nd rechts str und beide M von der Nd gleiten lassen, ab * wdh.
3. Rd: Alle M rechts str.
4. Rd: 1 M rechts, * mit der rechten Nd durch die 1. M der linken Nd stechen und die 2. M rechts str, danach die 1. M der linken Nd rechts str und beide M von der Nd gleiten lassen, ab * wdh, 1 M rechts.
Die 1.-4. Rd stets wdh.

In Reihen
In 1. und 3. R (Rückr) alle M links str und die 2. und 4. R (Hinr) wie die 2. und 4. Rd

Zunahmen: In Rd 1 M rechts verschränkt aus dem Querfaden str; in R 1 M links verschränkt aus dem Querfaden str.

Abnahmen: In Rd 2 M rechts überzogen zusstr, dafür 1 M rechts abh, folgende M rechts str und die abgehobene M überziehen; in R dafür in der Rückr 2 M links verschränkt zusstr. In Rd 2 M rechts zusstr, in R 2 M links zusstr.

Anleitung
74 M anschlagen und 2 M links, 20 M Grundmuster mit der Rundstricknd, dann weiter 12 M Grundmuster, 6 M kraus rechts für die innere Rundung und 12 M Grundmuster auf 2 Nd des Spiels verteilt str und weiter 20 M Grundmuster, 2 M glatt links mit der Rundstricknd str, dabei die M mit dem gleichen Nd-Ende wie die ersten 22 M str. In 9. Rd und 18x in jeder 8. Rd/R beids der glatt linken M je 1 M zun = 112 M, dann in folgender 20. R und 18x in jeder 8. R/Rd beids der glatt linken M je 1 M abn.
Für den Reißverschluss in 60 cm Höhe (nach 108 Rd) die Arbeit zwischen den glatt linken M teilen und weiter in R str. Nach weiteren 60 cm (108 R) wieder in Rd str. In 180 cm Höhe (324 Rd/R) alle M abk. Den Anschlagrand und den Abkettrand zusnähen. Um die Öffnung je 1 Rd feste M und 1 Rd Krebs-M (feste M von links nach rechts) häkeln. Den Reißverschluss einnähen. Den Knopf auf die innere Ecke des Anschlagrands nähen. An die innere Ecke des Abkettrands eine passende Schlaufe häkeln.

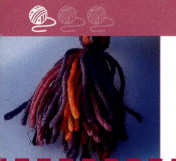

Mütze & Schal

→ mit witzigen Quasten

GRÖSSE
Mütze ca. 38-42 cm Umfang
Schal ca. 10 cm breit, 90 cm lang

MATERIAL
MÜTZE
- Regia 6fädig in Königsblau (Fb 2000), 50 g
- Regia 6fädig Crazy Color in Crazy Bonbon (Fb 5404), 50 g
- Nadelspiel 2,5-3,5
- Nadelspiel 3-4
- Häkelnadel Nr. 3-4

SCHAL
- Regia 6fädig in Königsblau (Fb 2000), 100 g
- Regia 6fädig Crazy Color in Crazy Bonbon (Fb 5404), Rest
- 1 Paar Stricknadeln 2,5-3,5

MASCHENPROBE
Mit Nd 3-4 im Grundmuster
24 M und 41 Rd
= 10 cm x 10 cm

Mit Nd 2,5-3,5 im Rippenmuster (ungedehnt)
45 M und 30 R
= 10 cm x 10 cm

Bündchenmuster
3 M rechts, 3 M links im Wechsel

Grundmuster
Maschenzahl teilbar durch 12
1. Rd in Königsblau: Rechts str.
2. Rd in Königsblau: Links str.
3.-6. Rd in Crazy Bonbon: * 9 M rechts str, die folgenden 3 M links abh, dabei liegt der Faden hinter den M, ab * stets wdh
7.+8. Rd in Königsblau: Wie die 1. und 2. Rd str.
9.-12. Rd in Crazy Bonbon:
* 3 M rechts, 3 M links abh, mit Faden hinter den M, 6 M rechts, ab * wdh
Die 1.-12. Rd stets wdh.

Mütze
96 M in Königsblau auf das Nadelspiel 2,5-3,5 verteilt (= 24 M je Nd) anschlagen und 10 cm im Bündchenmuster str Weiter mit dem Nadelspiel 3-4 im Grundmuster str. Nach 15 cm im Grundmuster, nach 2 Rd mit Königsblau alle M stilllegen. Die Mütze wenden und auf der Innenseite der Mütze die M der 1. und 2. Nadel mit den M der 3. und 4. Nadel rechts zusstr und dabei gleichzeitig abk.
Für die Quasten zunächst mit doppeltem Faden in Königsblau an jede Mützenecke eine ca. 5 cm lange Kette aus Lm häkeln und die Endfäden zum Abbinden der Quasten ca. 20 cm lang abschneiden. Dann zwei ca. 7 cm lange Quasten in Crazy Bonbon anfertigen. Jede Quaste ca. 1 cm unter dem Knoten mit einfachem Faden in Königsblau mehrmals fest umwickeln, die Fadenenden verknoten. Die Fäden der Quaste gleich lang schneiden.

Schal
45 M in Königsblau mit Nd 2,5-3,5 anschlagen und 90 cm im Bündchenmuster str. Alle M abk. An den Abkett- und Anschlagrand Fransen in Crazy Bonbon gemischt mit Königsblau knüpfen. Dafür jeweils vier 20 cm lange Fäden mittig zuslegen, die Schlaufe durch das Gestrick, dann die losen Enden durch die Schlaufe ziehen und festziehen. Die Fransen gleichmäßig lang schneiden.

ZUM ANZIEHEN

Quergestrickte Mütze
→ mit passendem Schal

GRÖSSE
Mütze ca. 38-42 cm Umfang
Schal ca. 14 cm breit,
100 cm lang

MATERIAL
- 1 Paar Stricknadeln Nr. 3-4
- Häkelnadel Nr. 3-4

MÜTZE
- Schachenmayr Merino in Koralle (Fb 41), Jade (Fb 73), Natur (Fb 02), Bleu (Fb 53) und Flieder (Fb 42), je 50 g

SCHAL
- Schachenmayr Merino in (Koralle Fb 4), 100 g
- Schachenmayr Merino in Jade (Fb 73), Natur (Fb 02), Bleu (Fb 53) und Flieder (Fb 42), Reste

MASCHENPROBE
Mit Nd 3-4 bei kraus rechts (ungedehnt)
27 M und 46 R
= 10 cm x 10 cm

Mit Nd 3-4 im Zackenmuster
33 M und 36 R
= 10 cm x 10 cm

Kraus rechts
Jede R rechts str

Zackenmuster
Maschenzahl teilbar durch 23 + 2 Rdm
1. R: Rdm, * 1 M rechts abh, 1 M rechts und die abgehobene M überziehen, 9 M rechts, 1 U, 1 M rechts, 1 U, 9 M rechts, 2 M rechts zusstr, ab * wdh, Rdm.
2. R: Alle M und U rechts str. Die 1. und 2. R stets wdh.

Mütze
Die Mütze wird quer gestrickt. Für ca. 20 cm Breite 56 M in Koralle anschlagen und 1 Rückr rechte M str. Weiter kraus * je 4 R in Koralle, Jade, Koralle, Flieder, Koralle, Bleu, Koralle, Natur str und diese 32 R ab * 4x wiederholen = 160 R, insgesamt 161 R. Alle M abk. Anschlag- und Abkettrand zusnähen, dabei die unteren ca. 8 cm (wegen des Umschlagens) von außen zusammennähen. Den oberen Rand fest zuziehen; dafür mit doppeltem Faden kleine Vorstiche nähen.

Die „Locken" in Koralle mit doppeltem Faden auf die Mütze häkeln. Dafür den Faden anschlingen, * 31 Lm häkeln, dann in jede Lm 2 fM häkeln, dabei die 1. fM in die 2. Lm von der Nadel aus häkeln, 1 fM in die Mütze, ab * 4x wiederholen = 5 Locken.

Schal
48 M anschlagen und 100 cm im Zackenmuster str, alle M abk. Pompons mit ca. ø 3 cm anfertigen, zwei Pompons in Flieder, je einen Pompon in Natur, Bleu und Jade. An die Schalspitzen in den entsprechenden Farben mit doppeltem Faden Bänder aus Lm häkeln. Dafür den Faden anschlingen, dann 12 Lm häkeln. Jeweils einen Pompon in gleicher Farbe an den Bändern befestigen.

ZUM ANZIEHEN

Kuschelpulli

→ ganz einfach und schnell gestrickt

GRÖSSE
56/62 und 68/74

MATERIAL
◆ Schachenmayr Cassiopeia in Natur (Fb 02) 150/200 g
◆ 1 Paar Stricknadeln 5-6
◆ 6 Knöpfe, ø 1,8 cm

MASCHEN-PROBE
Mit Nd 5-6 bei kraus rechts 14 M und 24 R = 10 cm x 10 cm

VORLAGEN-BOGEN 1B

Hinweis: Die Angaben für Größe 56/62 stehen vor dem Schrägstrich, für Größe 68/74 danach. Steht nur eine Angabe, gilt diese für beide Größen.

Kraus rechts
Jede R rechts str

Rückenteil
36/42 M anschlagen und kraus rechts str. In 24/28 cm Höhe die mittleren 14/16 M für den rückwärtigen Rand des Halsausschnitts abk. Über die äußeren je 11/13 M die vorderen Schulterpassen mit Überritten weiterstr. In 5 cm Passenhöhe jeweils drei Knopflöcher einarbeiten. Dafür die Rdm str, 2 M rechts zusstr, 1 U arbeiten, 1/2 M rechts str, 2 M rechts zusstr, 1 U arbeiten, 1/2 M rechts str, 2 M rechts zusstr, 1 U arbeiten, 1 M rechts und die Rdm str. In folgender R die U rechts str. In jeweils 30/34 cm Gesamthöhe die M der Passen abk.

Vorderteil
36/42 M anschlagen und 20/24 cm kraus rechts str, alle M abk.

Ärmel
24/28 M anschlagen und kraus rechts str. In 10 cm Höhe 12/14 M zun. Dafür die Rdm str, 1 M zun (= rechts verschränkt aus dem Querfaden str), dann 11x/13x nach jeder 2. M 1 M zun = 36/42 M. In 20/22 cm Gesamthöhe alle M abk. Beide Ärmel gleich arbeiten.

Fertig stellen
Teile spannen, anfeuchten und trocknen lassen. Die vorderen Schulterpassen 2 cm breit auf das Vorderteil legen, dann die Seitenränder aufeinander heften. Die unteren 12/14 cm der Seitennähte schließen. Die Ärmel annähen. Die Ärmelnähte schließen, dabei wegen des Umschlagens die unteren ca. 7 cm von außen schließen. Die Ärmelbündchen ca. 5 cm breit nach außen umschlagen. Knöpfe annähen.

ZUM ANZIEHEN

Dreieckstücher
→ total hip

GRÖSSE
ca. 60 cm breit,
27 cm hoch

**MATERIAL
KUSCHELIGES
DREIECKSTUCH**
- Schachenmayr Brazilia Color in Exotic (Fb 121), 50 g
- 1 Paar Stricknadeln Nr. 4,5-5,5

**DREIECKSTUCH
IN PINK**
- Schachenmayr Catania in Pink (Fb 223), 50 g
- Schachenmayr Catania Color in Melody (Fb 94), 50 g oder Rest (für die Fransen)
- 1 Paar Stricknadeln Nr. 2,5-3,5
- Häkelnadel Nr. 3,5

MASCHENPROBE
Mit Nd 4,5-5,5
und Brazilia Color
bei glatt rechts
18 M und 28 R
= 10 cm x 10 cm

Mit Nd 2,5-3,5
und Catania
bei kraus rechts
26 M und 53 R
= 10 cm x 10 cm

Glatt rechts
Hinr rechts, Rückr links str

Kraus rechts
Jede R rechts mit Knötchen-Rdm str. Für die Knötchen-Rdm in jeder R die letzte M rechts str und in folgender R die 1. M rechts abh mit Faden hinter der M.

Kuscheliges Dreieckstuch
An der unteren Spitze beginnen. 3 M mit Nd 4,5-5,5 und Brazilia anschlagen und in 1. R = Hinr die Knötchen-Rdm str, in folgende M 5 M (abwechselnd 1 M rechts und 1 U) str, Knötchen-Rdm = 7 M. In folgender Rückr alle M und U rechts str. Weiter über die äußeren je 3 M kraus (rechts mit Knötchen-Rdm), über die mittleren M glatt rechts str. Dabei beids 18x in jeder 2. R, dann 34x in jeder R je 1 M zun. Für die Zunahmen am R-Beginn Knötchen-Rdm und 2 M kraus rechts str, 1 U arbeiten, bis 3 M vor R-Ende str, 1 U arbeiten, dann 2 M kraus rechts und Knötchen-Rdm str. Die U in der folgenden Rückr links bzw. in der folgenden Hinr rechts str = 111 M = ca. 60 cm Breite nach der 70. R = ca. 25 cm Höhe. Noch 4 R kraus rechts ohne Zunahmen str und anschließend alle M abk.

Dreieckstuch in Pink
An der unteren Spitze beginnen. 3 M in Pink mit Nd 2,5-3,5 anschlagen und kraus rechts mit Knötchen-Rdm str. In 2. R Knötchen-Rdm, 1 M rechts, 1 U, 1 M rechts, Knötchen-Rdm arbeiten, dann in jeder 2. R am R-Beginn die Knötchen-Rdm und 1 M rechts str, 1 U arbeiten, bis 2 M vor Ende der R str, 1 U arbeiten, 1 M rechts, Knötchen-Rdm. In den folgenden R die U rechts str. In ca. 28 cm Höhe alle M abk. In die Spitze, dann beids in jedes Loch Fransen aus Melody knüpfen. Für jede Franse zwei ca. 20 cm lange Fäden mittig zuslegen, die Schlaufe mit der Häkelnadel durch das Loch ziehen, die losen Enden durch die Schlaufe ziehen, den Knoten festziehen.

ZUM ANZIEHEN

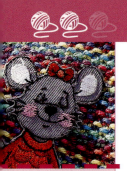

Guten Appetit!

→ gestrickte Lätzchen

GRÖSSE
ca. 25 cm x 30 cm

MATERIAL
- Schachenmayr Catania Color in Afrika (Fb 93) oder Fresh (Fb 53), je 50 g
- Schachenmayr Catania in Cyclam (Fb 114) oder Birke (Fb 219), je 50 g
- 1 Paar Stricknadeln Nr. 2,5-3,5
- Nadelspiel 2,5-3,5
- Applikation, 8 cm groß

MASCHENPROBE
Mit Nd 2,5-3,5 im kleinen Perlmuster
27 M und 45 R = 10 cm x 10 cm

Kleines Perlmuster
1 M rechts, 1 M links im Wechsel str und das Muster in jeder R versetzen.

Anleitung

49 M in Color anschlagen und im kleinen Perlmuster str. Dabei für die unteren Rundungen beids in jeder folgenden R 2x 1 M, dann in jeder 2. R 3x 1 M und in der 4. R 1x 1 M zun = 61 M. Für die Zunahmen am R-Beginn nach der Rdm, am R-Ende vor der Rdm dem Muster entsprechend je 1 M rechts bzw. links verschränkt aus dem Querfaden str. In 22 cm Höhe für den Halsausschnitt die mittleren 11 M abk und jedes Schulterteil getrennt beenden. Dabei für die Rundungen des Ausschnitts beids der mittleren abgeketteten M in jeder 2. R 1x 3 M, 1x 2 M und 5x 1 M abk = 15 M für jedes Schulterteil. In 26 cm Höhe zur Abrundung der Schulter in der linken Hälfte am Ende der folgenden Hinr 1x, dann in der 4. R 1x, in jeder 2. R 2x und in folgender R 1x die Rdm mit der M davor im kleinen Perlmuster zusstr. Zur Abrundung der Schulter in der rechten Hälfte die Abnahmen am Beginn der Hinr arbeiten. In 30 cm Gesamthöhe die restlichen je 10 M abk.

Um den äußeren Rand des Lätzchens eine Paspel (siehe Allgemeine Erklärungen) in Uni str. Dafür mit 2 Nd des Nadelspiels arbeiten und beim Schulterteil am oberen Ende des Halsausschnitts beginnen, an der Ecke des anderen Schulterteils enden: 4 M auf einer Nd des Spiels anschlagen, * nicht wenden, sondern die M an das andere Nd-Ende zurückschieben und 3 M rechts str, dabei die 1. M besonders fest str, damit sich die Umrandung rund um den Lätzchenrand legt, folgende M rechts abh, dann aus dem Rand des Lätzchens 1 M str und die abgehobene M überziehen, den Vorgang ab * stets wdh.

Für die Bindebänder mit Paspel um den Ausschnitt 6 M auf 3 Nd des Spiels verteilt anschlagen und in Rd rechte M str. In ca. 30 cm Höhe verteilt 2x 2 M rechts zusstr, dann um den Halsausschnitt mit 4 M eine Paspel wie zuvor arbeiten. Danach verteilt 2 M zun und für das 2. Band 30 cm str, dann die M mit dem Arbeitsfaden zusziehen, Faden vernähen. Den Anschlagrand des 1. Bandes zusziehen, Faden vernähen. Die Applikation wie auf der Abbildung aufnähen.

ZUM ANZIEHEN

Babyschühchen

→ schnell gestrickt

GRÖSSE
ca. 10 cm lang

MATERIAL
- Schachenmayr Hip Hop in Crazy color (Fb 97), 25 g
- Schachenmayr Extra in Cyclam (Fb 3681), 50 g

  oder

- Schachenmayr Hip Hop in Azur color (Fb 93), 25 g
- Schachenmayr Extra in Royal (Fb 3512), 50 g

  oder

- Schachenmayr Hip Hop in Passion color (Fb 89), 25 g
- Schachenmayr Extra Merino in Flieder (Fb 42), 50 g
- Nadelspiel 7
- Häkelnadel Nr. 4–5

MASCHENPROBE
Mit Nd 7 bei kraus rechts
7 M und 20 Rd = 10 cm x 10 cm

Kraus rechts
In Runden 1 Rd links, 1 Rd rechts im Wechsel, in Reihen jede R rechts str

Anleitung
In Sohlenmitte beginnen und kraus rechts str. Mit Hip Hop 9 M auf 1 Nd des Spiels anschlagen, wenden und in 1. Rd: 1 M links auf die 1. Nd str = Fersenmitte, 7 M links für die Seite auf die 2. Nd, 1 M links auf die 3. Nd str = vordere Mitte, aus den M der Seite 7 M mit 4. Nd auffassen = 16 M insgesamt. In folgender Rd = Rechts-Rd am Beginn und Ende der 1. und 3. Nd je 1 M rechts verschränkt aus dem Querfaden str = 4 zugenommene M bzw. 20 M insgesamt. Noch 1x in folgender 2. Rd am Beginn und Ende der 1. und 3. Nadel je 1 M zun = 24 M. Nun 3 Rd ohne Zunahmen str. In folgender Runde die M der 1. und 2 Nd str. Danach für die Schuhoberseite in R nur über die 5 M der 3. Nd str, die restlichen M stilllegen: * 4 M rechts str, die letzte M der 3. Nd rechts abh, folgende M der 4. Nd rechts str und die abgehobene M überziehen, wenden, 1 M links abh mit Faden vor der M, 3 M rechts str, die letzte M der 3. Nd mit der folgenden M der 2. Nd rechts überzogen zusstr, wenden, 1 M links abh mit Faden hinter der M und ab * 2x wiederholen = 18 M. Nach dem letzten Wenden weiter für die Lasche in Reihen kraus rechts über die 5 M der 3. Nd str. In ca. 6 cm Laschenhöhe bzw. in der 12. R die mittleren 3 M rechts zusstr und in folgender R die restlichen 3 M abk. Zum Schluss über die restlichen 13 M in R den Schaft kraus rechts str. und nach 10 R = ca. 5 cm Schafthöhe alle M abk.
Um die Lasche und den gesamten Schaftrand mit doppeltem Faden in Extra 1 R wie folgt häkeln: Den Faden anschlingen, 2 Lm, dann 1 fM und 1 Lm im Wechsel häkeln, dabei in die Ecken 3 fM häkeln, mit 1 Km in die 1. Lm enden.

Beide Schuhe gleich arbeiten.

Als Schnürbänder zwei ca. 70 cm lange Kordeln aus Extra anfertigen. Die Bänder einziehen, siehe Abbildung.

ZUM ANZIEHEN

Jäckchen für Jungen und Mädchen
→ immer beliebt

GRÖSSE
56, 62 und 68

MATERIAL
- Schachenmayr Merino in Natur (Fb 02) oder Orchidee (Fb 33) oder Jade (Fb 73), 100/100/150 g
- 1 Paar Stricknadeln Nr. 3-4
- Nadelspiel 3-4
- Satinband in Weiß oder Türkis, 1 cm breit, je ca. 80 cm lang
- 3 Knöpfe, ø ca. 2 cm

MASCHENPROBE
Mit Nd 3-4 bei glatt rechts 24 M und 36 R = 10 cm x 10 cm

VORLAGENBOGEN 1B

Hinweis: Die Angaben für Größe 56 stehen vor dem 1. Schrägstrich, für Größe 62 nach dem 1. Schrägstrich und für Größe 68 nach dem 2. Schrägstrich. Steht nur eine Angabe, gilt diese für alle Größen.

Glatt rechts
Hinr rechts, Rückr links bzw. in Runden jede Rd rechts str

Kraus rechts
Jede R rechts str bzw. in Runden 1 Rd links, 1 Rd rechts im Wechsel str

Anleitung
Das Jäckchen wird in einem Stück mit Raglanschrägungen gestrickt und am Halsausschnitt begonnen. Für ca. 26/29/32 cm Ausschnittumfang 63/71/79 M anschlagen und für die Ausschnittblende kraus rechts str, die 1. R ist eine Rückr. In 5. R (= Rückr) zum späteren Durchziehen des Bandes Löcher und gleichzeitig im linken Seitenrand das 1. Knopfloch arbeiten. Dafür 6 M str, dann 26/30/34x im Wechsel 1 U arbeiten und 2 M rechts zusstr, dann für das Knopfloch in der linken Blende 2 M rechts zusstr und 1 U arbeiten, restliche 3 M str. In folgender R die U rechts str. (Für Knopflöcher in der rechten Blende in 5. R 3 M str, 1 U arbeiten, 2 M rechts zusstr, 1 M rechts 26x/30x/34x im Wechsel 1 U arbeiten und 2 M rechts zusstr, restliche 5 M str.) Noch 2x in jeder folgenden 22./24./24. R je ein Knopfloch ebenso arbeiten.

Nach 9 R = ca. 2 cm Blendenhöhe weiter über die äußeren je 6 M kraus rechts für die Blenden, über die mittleren M glatt rechts mit U für die Raglanschrägungen str. Dabei in 1. R einteilen: 13/14/15 M (einschließlich der 6 Blenden-M) für das linke Vorderteil str, 1 U arbeiten, folgende M rechts str und markieren, 1 U arbeiten, 7/9/11 M für den linken Ärmel str, 1 U arbeiten, folgende M rechts str und markieren, 1 U arbeiten, 19/21/23 M für das Rückenteil str, 1 U arbeiten, 1 M markieren, 1 U arbeiten, 7/9/11 M für den rechten Ärmel str, 1 U arbeiten, 1 M markieren, 1 U arbeiten und die restlichen 13/14/15 M für das rechte Vorderteil str = 71/79/87 M. Weiter für die Raglan-Zunahmen in jeder Hinr vor und nach jeder markierten M 1 U arbeiten = jeweils 8 Zunahmen. In der folgenden Rückr die U links str.

Nach 40/44/48 R = 11/12/13,5 cm ab Bündchen, befinden sich 223/247/271 M auf der Nd, die Arbeit teilen. Dafür

ZUM ANZIEHEN

WEITERFÜHRUNG
Jäckchen für Jungen und Mädchen

33/36/39 M für das linke Vorderteil str, die folgenden 49/55/61 M (= die markierten M und die M dazwischen) für den linken Ärmel stilllegen, 59/65/71 M für das Rückenteil str, 49/55/61 M für den rechten Ärmel stilllegen, restliche 33/36/39 M für das rechte Vorderteil str. Zunächst über 125/137/149 M für das Rückenteil und die Vorderteile 8/10/12 cm (29/37/43 R) in gegebener Einteilung, dann noch 9 R kraus str. Alle M abk. Gesamthöhe ca. 23/26/29,5 cm.

Nun nacheinander die Ärmel über jeweils 49/55/61 M in Rd glatt rechts weiterstr. Dafür die M auf das Nadelspiel verteilen, Rd-Beginn ist zwischen den beiden markierten M der Raglanschrägungen. Jeweils 7/9/11 cm (25/32/40 Rd) glatt rechts str, dabei 4/5/6x in jeder 6. Rd am Rd-Beginn die 2. und 3. M rechts überzogen zusstr (1 M rechts abh, 1 M rechts str und die abgehobene M überziehen), am Rd-Ende die zweit- und drittletzte M rechts zusstr = 41/45/49 M. Noch 9 Rd kraus str, dann die M abk.
Die Knöpfe annähen, das Satinband durch die Lochreihe ziehen.

Tipp: Für jede weitere Größe 8 M mehr anschlagen und bei den Vorderteilen jeweils 1 M, bei den Ärmeln und beim Rückenteil jeweils 2 M mehr str. Bei den Raglanschrägungen für jede weitere Größe jeweils 4 R mehr str. Insgesamt das Rückenteil mit Vorderteilen ca. 3 cm, die Ärmel ca. 2 cm länger str.

IMPRESSUM

FOTOS: frechverlag GmbH, 70499 Stuttgart; Fotostudio Ullrich & Co., Renningen
DRUCK: frechdruck GmbH, 70499 Stuttgart

Materialangaben und Arbeitshinweise in diesem Buch wurden von der Autorin und den Mitarbeitern des Verlags sorgfältig geprüft. Eine Garantie wird jedoch nicht übernommen. Autorin und Verlag können für eventuell auftretende Fehler oder Schäden nicht haftbar gemacht werden. Das Werk und die darin gezeigten Modelle sind urheberrechtlich geschützt. Die Vervielfältigung und Verbreitung ist, außer für private, nicht kommerzielle Zwecke, untersagt und wird zivil- und strafrechtlich verfolgt. Dies gilt insbesondere für eine Verbreitung des Werkes durch Fotokopien, Film, Funk und Fernsehen, elektronische Medien und Internet sowie für eine gewerbliche Nutzung der gezeigten Modelle. Ihre Verwendung im Unterricht und in Kursen ist auf dieses Buch hinzuweisen.

Auflage:	5.	4.	3.	2.	1.	
Jahr:	2010	2009	2008	2007	2006	[Letzte Zahlen maßgebend]

© 2006 frechverlag GmbH, 70499 Stuttgart

ISBN 10: 3-7724-6632-X
ISBN 13: 978-3-7724-6632-8
Best.-Nr. 6632